JN409939

너는
나의 숲이다

임춘금 시집

너는 나의 숲이다

초판인쇄 2024년 7월 22일
초판발행 2024년 8월 1일

지은이_ 임춘금
발행인_ 이현자
발행처_ 도서출판 현자

등　록_ 제 2-1884호 (1994.12.26)
주　소_ 서울시 중구 수표로 50-1(을지로3가, 4층)
전　화_ (02) 2278-4239
팩　스_ (02) 2278-4286
E-mail_001hyunja@hanmail.net

값 11,000원

2024 © 임춘금 Printed in KOREA

무단으로 내용의 일부를 인용하거거나 복사, 발췌를 금합니다.

ISBN 978-89-94820-97-2 03810

임춘금 시집

너는 나의 숲이다

도서출판 연자

시인의 말

마무리라고 썼지만
시작이라고 읽혀지기를 바랍니다.

다독이고 색을 입혀도
여전히 달라지지 않는 마음으로
시집 한 권 문밖으로 내보내려니
미련이 가득합니다.

오늘도 행복해지기 위해
부단히 노력하는 사람들의
시린 마음을 덮어 줄
향기로운 언어로 전달되기를 바랍니다.

차례

#둘_ 나무의 부고

차례

#셋_ 개미취 한 송이

#넷_ 그러니까 과꽃

#하나

여전히 그렇게 있어줘

알 수 없는 길

첫 출근길이다
발이 익숙하게 먼저
다니던 곳으로 가고 있다

공원 반 바퀴 걸치고 돌아 나와
낯선 곳으로 걸어간다
어제와 다른 바람과 나무가 있는 곳으로
마음을 옮긴다
이 길 밖에는 길이 없다고

내 신발이 익숙해지도록
풀 이름 꽃 이름 알려 줘 가면서 걷는다
낯선 길보다 알 수 없는 길이
더 어려운 길
이 길 밖에는 다른 길은 없다고
서로 잘 알아가자고 다짐한다
알 수 없는 길에도
또 다른 길은 있다
손 잡아 줄 얼굴이 기다리고 있었다

먼 사람

산길에 개나리꽃이 화사하게 피었다
노란 꽃빛에
따뜻한 마음이 생겨난다
꽃 같은 내 마음을 너에게 부치고 나면
어떤 파릇한 말이 들려올까

묵은 옛이야기 끄집어내고
마냥 다정한 듯이
밥이라도 한번 먹자고 할까
허물없이 좋았던 듯이
술렁거리게 될까
전하고 싶은 안부 한 줄
오래 망설이다가 지우고 만다

먼 사람이여
너도 그런 걸까
꽃피었다는 소식이
아직도 오지 않는 것을 보니

당첨

가끔 추첨에서 당첨되는 일 있더라
누군가 내 이름을 뽑았다는 거
많은 사람들 틈에서
이름이 크게 불렸다는 거
나보다 더 크게 내 이름을 불러 줬다는 거
진달래꽃이 피었다는 말보다
매화가 피었다는 말보다
더 반갑더라

축하한다는 말보다도
그 환한 미소로 축하 인사를 받았다는 것이
나도 활짝 웃는 얼굴로 어쩔 줄 몰라
숨길 수 없는 웃음이
오래가더라
어쩌다 불리는 내 이름이
소중한 이름이 되어
나를 부르게 하더라

나는 누구를 기쁘게 불러 줄 수 있을까
이름을 부른다는 것은
함께 섞인다는 것
감동으로 부를 이름 하나 생겨도 좋겠다

가을 이별

비 한줄기 내린다고
다 기우는 건 아니겠지만
빗줄기 한번 스칠 때마다
행간 하나 무너지듯이
마음 들쑤시는 것을 보면
내게도 이름 하나
낙엽 되어 떨어지는 중인가 보다

빗방울 하나에 낙엽이 지고
빗방울 하나에 그리움이 맺히니
전부를 안고 떠날 것만 같다
다시는 돌아보지 않을 것 같다

바닥은 온통 붉은 이별
낙엽은 바닥에서도 꽃을 피운다
그래야 마지막이다
마지막이 고와야 이별이다

인생은 짧다

꽃이 되기 위해
꽃봉오리들이 옹기종기 모여
꽃 한 송이 만드는 동안
나는 무엇을 했을까

새들이 찬란한 노래를 만들고
유채꽃 노랗게 피어
냇물 소리로 흘러가는 동안
나는 무엇을 했을까

백일홍 피고 피어
화단을 가득 채우는 동안
푸릇한 풀밭처럼
먼 산만 바라보았나
짧아도 너무 짧은 인생이었나
나만 그런 거였나

북성포구에서

골목길에서 마주친
낡은 그물 무더기를 보고서야
바다가 가까이 있는 걸 알았다
비릿한 갯내음 묻은
낮달 맞이 하얗게 피어 한들거리니
바다와 가까워진 것을 알았다
어쩌다 낯선 골목에 들어서서
찢어진 그물 같은 인생을 보았다니
소금에 절인 새우젓처럼 발효되어서야
부표처럼 떠오른 희망이
꽃게의 헛손질 같은 것이었다니
방향이 다른 것을 알면서도
꽃게처럼 옆으로 걸었다는데
북성포구 막다른 골목 같은
항구에 잡혀 오는 뻔한 물고기처럼
더는 갈 곳이 없어
눈물 몇 방울 보태 주고 간다니
더는 멀어지지 못하겠구나
지킬 것이 남았으니

호박오가리

어느 햇살이 그랬을까
얇게 저며 놓으면 금세 잊힌다고
어느 어둠이 그랬을까
숨 한번 꾹 참고 있으면
더 단단해진다고
어느 바람이 그랬을까
멀리 날아가지 않으면
지킬 수 있는 거라고
견디다 보면
다 비우고 나면
눈물 찌꺼기마저 말리고 나면
젖은 삶도 달콤해지는 거라고
잡념은 다 빠져나가
심장만 남았더라
호박의 생애가 더 길어졌더라
더는 상처받지 않을 만큼
질겨졌더라
변하지 않을 달큼한 뼈만 남겼더라

산책길

바람의 흔적 같은
노란 유채꽃송이
하느적 거리는 나비처럼
날아갈 듯 고요하다
쓸모없을지 모를 원망이나
사소한 미안함도
노랗게 핀 유채꽃처럼
향기롭게 번지는 일 생기게 하니
생각에 잠긴 왜가리도
냇가 구석에 서서
수채화가 되어간다

상념 하나 접으면
푸른 들판 같은 마음이 되고
욕심 하나 비우면
냇물 되어 흐르니
이보다 더 평온한 풍경은
없을지도 모른다고
이 길처럼 살자고
마음 다독인다

끈

앞서가는 사람의
코트 끈 길게 빠져나와 있다
얼마나 빨리 걷는지
횡단보도에서도 말해 줄 틈을 놓쳤다
모퉁이 돌아 끈이 떨어졌나 보다
어떤 중년의 사내 하나
끈을 들고 냅다 뛰어간다
"저기요!"
발걸음을 세워
끈을 주고 돌아서는 얼굴이 발그레하다
끈을 잃었던 사람이다
잃어버린 것에 대한
후회를 아는 사람이다
끈 떨어진 마음은 오죽할까
갈 곳을 잃은 끈 같은 마음은 오죽할까

어떤 슬픔

해 저물 무렵
구석에서 울음소리 들린다
울음 근처로 가보니
길냥이 두 마리 쓰레기가 담긴 봉투 앞에서
애절하게 울고 있다
한 마리는 어미고 한 마리는 누군지 모르겠으나
아기 길냥이 사체를
봉투에 묶고 묶어서 쓰레기장에 두었더니
아기 길냥이 냄새를 맡았던 거다
자식을 보내는 애끓는 울음이다
잘 가라고 이별을 전하는 마지막 당부 같다
어둠도 뒷걸음질 치게 하듯이
흐느끼는 울음이
낙엽처럼 구석으로 뒹굴어 간다
조문을 다 끝냈다는 듯이
멀어져 가는 길냥이 두 마리의
느리적 느리적 한 걸음 뒤로
축축한 슬픔이 따라간다
울음만 쏟아 놓고 가는 길냥이 앞을

가로등만이 고요히 비춰 줄 뿐이다
저 슬픔은 누구도 위로해 줄 수가 없다
그 누구도

발자국

눈 위에 길냥이 발자국
그리워서 왔다 간다고
밥을 잘 먹고 간다고
고맙다는 인사를 남겨 놓았네

밤새 사랑방에서 놀던
동네 언니들이
담을 넘어간 것을 알게 한
담장 아래 수북했던 발자국들처럼

멀쩡한 대문을 놔두고
위험하게 담장을 넘어갔냐는
어머니 잔소리에도 아랑곳없이
걱정 놓으라는 듯
남겨 둔 말 같은

발자국도 없는
어렴풋한 마음만 주고 가는
인연이 늘어난다
발자국조차 보이지 않는

안녕이라는 말은

오래도록 빛나던 사이도
갈고닦지 않으면 녹이 슬어
풀기 어려운 나사처럼
삭아지곤 한다

계곡의 도꼬마리 풀도
작고 흐릿한 기억을
심어 놓듯이
좁쌀 같은 분홍 꽃을 수북하게 피웠다
다 흩어질 꽃더미라고 해도

안녕이라는 말은
진부를 나 놓는 일처럼
가슴이 무너질 것 같아도
가지가 생기고 새살이 돋는
새로운 말이 되기도 하더라

그림자도 없는 사랑을 품었다고 해도
한 줄기 희망의 빛이 되던 때도 있더라

진실

어깨선 아래로 한참 늘어진 티셔츠
맥없이 걷는 걸음걸이
입가에 보조개를 띄운 얼굴
해맑은 눈빛
사랑 담은 듯 정갈한데
여태 보지 못했던 쓸쓸함이
비에 엎어진 원추리꽃 같다
바닥으로 향하는 시선이
더는 빛나지 않아
앞모습만 보고는
행복할 거라고 했는데
고독은 모르는 모습이라고 했는데

앞서 걷는 걸음이
자박자박한 것이
한 톨의 고독을 걷어차 버리듯이
시름 한 숟가락 퍼 허공에 쏟는 듯하다

함부로 판단하지 않기로 했다
진실은 뒷모습에서 더 잘 보일 수도 있으니

왜 그런지 몰라도

그대라고 부르고 싶은 사람아
눈이 내린다
눈은 아무 생각 없이 내리는 것 일 테지만
나는 눈처럼 말해야 할 것 같다
당신의 마음을 밝혀줘야 할 것 같다

눈이 내리니
나는 가난한 사람인 것을 알겠다
눈 같은 마음 다 퍼내고
눈 같은 길은 다 비켜 가더니
눈처럼 스러진 무수한 날을 다 보내 놓고
빈손이 되어
당신의 위로 한마디에 울컥해져 눈물이 난다

눈은 아무 생각 없이 내리는 것일 테지만
눈은 내 가슴에 소복하게 쌓여
쓸쓸함을 덮는다
왜 그런지 몰라도

연꽃이 그립거든

무엇이 살다 간 자리인지
묻지 마라
삭아진 연잎이 말하고 있으니
꺾인 연밥의 모가지
숨 막히게 박혀 있으니
찬란하게 살던 날은 이미 가고 없는 것
다시 또 살아가기 위해
맨발이 된 연꽃이
부단히 걸어가는 중이라니
그립거든 말해다오
설령 도망칠 생각이 있다면
얼음 속에서 빼낼 생각은 하지 마라
희망처럼 연잎이 돋고
연꽃 한줄기 우뚝 솟아
연의 그늘이 햇살처럼 찬란해진다
마음 한 올 깊숙이 밀어
보고 싶다는 말 한마디만
뜨겁게 던져 다오
말 한마디가 뼈가 되어 꽃을 피우니

책갈피의 은행잎

빛바랜 나뭇잎 한 잎
세월을 잊은 듯이 반듯하다
감정의 찌꺼기 한 톨 없이
빛바래진 그해 가을을 품고 있다
언덕 위의 은행나무 두 그루
잎을 떨궈 주었지
은행나무의 생애보다는
내 생애를 더 많이 알고 있는 것처럼
변함없을 듯한 내 발자국 아래
떨어지던 잎이다
아쉬워 책갈피에 넣었더니
지나간 그날이 되어 편지를 쓰고 있다
물기 마른 편지 한 통 배달하듯이
납작해진 어제를 튀어 오르게 하는
은행잎 편지를 오래 읽게 한다

여전히 그렇게 있어 줘

먼 날은 여기에서
더는 보이지 않을 나로 인해
어느 곳이 쓸쓸해지는 건 아닐까
나 한사람 빠져나간 자리는 텅 비어도

농구 골대도 여전할 테고
철봉도 여전히 그 자리 있겠지
언제까지 일지 모를
여전히는
내게는 녹슨 말이 되어가도
다 쓸데없는 걱정이다
느티나무도 단풍나무도
늘 그 자리에 서 있을 것이며
운동장 구석 민들레 꽃도 수시로 피어
누가 홀씨가 되어 떠난 건지도 모르게 할 것이다

한 사람 빠져나갔다고 서러울까
뒷산 자락의 아카시아 나무였다면 몰라도

운동장 구석의 목련나무였다면 몰라도
채울 생각은 하지 마라

누가 빠져나간 건지 아무도 모를 테니
채워놔도 영 모를 테니

아직도

길없는 길을 걸어야 한다는 것처럼
한 번도 가지 않은 곳으로는
걷지 않겠다는 각오처럼
두고 갈 수 없는 마음이 있다

떠나갔던 사람들은 한사코
그곳이 좋았다고 했다
떠나온 사람들은
그때가 좋았다고도 한다

그래도 어딘가로 발 한 번 옮겨 보는 것도 좋겠다고
나뭇잎이 떨어진다

나는 그 자리 멈춰 있기로 했다
겨울이 오고 봄이 오기까지는
가을을 보내지 않을 생각이다.

첫눈

우주의 떠돌이별이었을 빛 방울
눈이 되어 떨어진다
거친 황야를 지나다가
전갈에게 한 방울 덜어주고
사막을 지나오다가
미어캣 입가에 한 방울 적셔 주고
바오바브나무 귓등에도
한 방울 떨궈 주고는
목마르지 않은 마음에라도
따뜻한 온기 되라고
몇 개의 알갱이들
앞다퉈 날아온다
어디서부터 가 첫눈이고
어디까지가 마지막 눈이라는 말인지
헤아리다가 놓치고
잡아 보려다가 놓치고
비켜 간 눈발은
앞 건물 꼭대기 빈 화분에 소복이 담겨
첫정처럼 반짝인다
하얗게 싹 틀 날을 기다렸다는 듯이

시 쓰기

꿈이 없는 줄 알았는데
꿈이 있었다
노란 빛깔인 줄 알았는데
아직도 푸른 빛깔이다

멈춰도 좋다고 생각했는데
갈 길이 생겼다
밤낮없이 꿈을 깨우고 있다

꿈이 죽은 줄 알았는데
아직도 살아 있다
불끈거리는 심장 소리로
길을 찾고 있다

산을 넘듯이 헐떡이고 있다
발꿈치를 높이 들었다
한발 나가지지 못해도
제자리에서 맴돌아도 꿈이다
제자리에만 있어 줘도 고마운 일이다.

시를 왜 쓰냐고 묻거들랑

철없이 붉어지는
여름날 단풍잎같이
쓸데없이 붉어지다 보면
길을 잃게 되니 시를 쓴다

파랗게 맺힌
우체국 앞 모과도
떫은맛을 익히려고
향기로운 길을 찾아가는 것처럼

망설이느라 가지 못한 길을
멀리서라도 바라보기 위해
갖지 못한 희망을 찾기 위해
시를 쓴다

시를 쓰다 보면 길이 보인다는데
아직 그 길을 다 보지 못했다
그 길에 서 있는 사람들만 보았다
그래서…

#둘

나무의 부고

나무의 부고

나무 꼭대기에서
딱따구리 한 마리
온몸을 던져
나무의 부고를 전한다
텅 빈 듯한 맑은 소리는
바람의 울음처럼 가벼워
홀가분해져 있다
울음 사이를
나뭇잎 몇이
설핏 거리는 걸음으로 다녀간다

봄이 왔다고
다 돌아오는 것이 아니었나
봄이 왔어도
돌아오지 못하는 게 있었나

나무 한 그루
제 몸을 기꺼이 봄날에 바치고 있다
맑고 투명하게 읊고 있는 유언에는

딱따구리 몫도 있다는 말 같다
나무를 애써 잡아 두고 있는 걸 보면

산수유 마을

산수유 마을에서는
사람보다
산수유꽃이 먼저 인사한다
노랗게 등불을 밝혀 놓고
꽃 터널을 일궈 놓았다
기다리고 있었다는 듯

한 마리 나비가 되어
그 길을 지나간다
냇물 소리도 노랗고
언덕도 노랗고
하늘도 노랗다

빈 집에는
몇 그루씩 들어앉은 산수유꽃이
주인 행세를 한다
산수유꽃 뒤를
봄이 따라온다
나도 그 뒤를 따라간다

행운을 찾아서

클로버 잎들이 수북한 풀밭에서
네 잎의 클로버를 찾고 있는데
클로버 꽃 같은 하얀 머리를
빗어 넘긴 할아버지가
뿔테 안경 사이 깊어진 눈매로
오래 서 있다
추억을 찾았나 보다

나는 행운이라는 꽃말을 덧붙여
그 자리 멈춰 있었다
클로버와 어떤 약속도 없었지만
무심히 지나치지 못하는
익숙한 습관을 고치지는 못할 것 같다
추억은 흘러가지도
잡아 둘 수 없는 맹목적인 그리움이니

바닷가 동백꽃

바닥에 떨어진 붉은 꽃잎
살아 꿈틀대는 입처럼
할 말이 남아있는 듯도 하다

여수 향일암으로 향하는 일행들
맨 뒷줄에 서서
따라갈 듯 움찔거리다
한 뼘도 옮기지 못하고
붉은 옷가지 되어
바닷가 언덕 아래
파도 소리를 덮어주고 있다

시들어도 시들지 못하고
기다리다 간다는
젖은 말이 들릴 것도 같아라

매번 그 자리에서
되돌아가는 파도처럼
다시 붉어져 돌아올 거라고
다짐, 다심하는 중이지. 아마

앵두가 익어가는 동안

계단을 오를 때마다
눈인사를 하던 사이다
꽃 필 때도 푸릇한 열매를 맺을 때도
안부를 묻는 사이였다
붉어야 나눌 수 있는 말이 생길 것 같았다
계단을 오르던 순간
붉은 혈색이라고는 한 개도 없는
시무룩해 있는 앵두나무를 보았다
빈털터리가 된 앵두나무를 위로할 여유도 없이
슬쩍 곁눈질하고 지나쳤다
앵두나무는 그냥 나무였다
잎새 몇 개 가지 몇 개 뻗어 길을 가는
그 흔한 푸른 잎의 나무
앵두가 준 발그레한 몇 날이 내 것이었나
말캉거렸던 시간만큼만 내 것이었나
어느 붉은 손이 행복했겠다
나에게도 붉은 기다림을 주었으니
그만큼이면 충분하다
잠시의 관심도 반짝였으니

오월에

세상 문 하나 닫혀도 모르겠다
햇살에 반짝이는 나뭇잎처럼
마음이 활짝 열린다
이런 날은 누군가 떠난 것도 모르겠다
수련이 꽃잎 접을 저녁 무렵이 오고
뻐꾸기 우는 어둠 속도
아늑한 품 같으니
목적 없는 냇가의 돌멩이가 되어도 좋다
숲으로 빨려 들어가
나무 한 그루 되어도 좋겠다
새처럼 훨훨 날아
어디로든 가도 좋겠다
덧없이 보낸 세월이 몇 덩이
속절없이 퍼낸 넋두리가 몇 짐일까
다 부질없다
꽃 한 송이 피는 데 1년은 걸렸고
고독은 아무리 짧아도 길다
생각 있는 뻐꾸기야
거침없는 바람아

뒹굴 줄 아는 돌멩이야
네가 나의 그늘이다
너는 나의 숲이다
마냥 좋기만 해서 또 어쩌나

칠월에 와 생각하니

봄은 슬며시 스치고 지나가
어떤 약속도 하지 않았지
못 자란 희망을 펴 올리며
약속한 듯이 꽃을 피우고
가슴 설레게 했으니

돌아오지 않은 것을 기다리거나
놓쳐 버린 기회를
아쉬워하거나
떠나간 것에 대한 후회를
덧칠하는 사이
수리사의 종소리처럼 떠나 버렸으니

가을빛 오는 언덕에 걸어 둘
풍경 하나만 있어도
가슴에 드나들
달그락거리는 소리 하나만 남겨 놓아도
칠월은 더 이상 푸르지 않아도 좋다

더는 나를 위해서
아무것도 하지 않아도 좋다
애쓰지 마라 칠월이여!

가을처럼

당신을 알고 나서 가을을 잊었습니다
낙엽으로 찬란한 순간도
들꽃으로 향기 넘치는 들판도
접어 두었습니다
먼발치에서 손 흔들며 가을을 보냈습니다
지난가을이 쓸쓸했던 건
가을을 앓던 습관 때문이라고
다만, 곁에 남은 게 없었기 때문이라고

가을이 가도
이제 나의 가을은 보내지 않을 생각입니다
무심히 보내는 일은
이번이 마지막 입니다
가을처럼 오래 남아 있겠습니다
가을이 가도 당신 마음에 가을처럼 남아 있겠습니다.

가을비 오는 날

가을비 몇 줄기에
적신 삶을 떨구는
낙엽 이야기 말고
가을비 몇 줄기에
몇 방울의 빗물로 맺히는
쓴 사람 이야기 말고
가을비 온다는 말이
아주 먼 곳에서부터 시작됐을
인연이 가까이 온다는
따뜻한 말 같았으면 좋겠네
홀연히 떨구는
새파란 그리움 젖은 노래 말고
빈 나무 끝에 맺힌
영롱한 물방울처럼
투명한 출구를 가진
길 하나 열린다는
소식 같았으면 더 좋겠네

비 오는 날에

비 오는 날에도 꽃이 핀다
빗방울 같은 꽃이 핀다
비 오는 날에 피는 꽃은
젖은 마음을 달래기 위해서 핀다
흘러가지 못하게 핀다

비 오는 날에도 꽃이 진다
더는 시들지 않기 위해서 진다
제 무게만큼의 쓸쓸함을 지우라고
미련은 없애라고
더는 기다리지 말라고 진다

사랑도 그런 건지
비 오는 날 떠난 사랑은
다시 찾아오는 일 없이
꽃 진 자리마저 다 지우고 가더라

비 갠 오후

빗줄기에 지나지 않는다고
무심히 흘려보낼 말이 아니었나
인생의 파편 같은 흙더미를 끌고
풀잎 몇 포기 돌멩이 몇 개
애써 밀고 간 흔적

나무는 흔들리지 않기 위해
뿌리를 단단히 움켜쥐고
풀잎은 일어서기를 반복하며
더 질겨진다니

비 온 뒤 햇살은 더 빛나고
바람도 더 싱그러워
다시 시작하라는 듯이
위로를 주듯이 새롭다
비가 그쳤으니 다시
해야 할 일이 생기는 것처럼
이번 생은 글렀다고 넋두리할 게 아니다

밤 빗소리

당신을 생각하는 동안에도
비는 심혈을 기울여
낱낱이 고백하듯이 내려요
뜨겁게 살아온 하루를
식히는 중이라고 하네요
중간 즈음에서 어긋난 일이 있을까
점검하는 중이라고 하죠
당신과 나 사이
삐거덕거리는 사이를 풀지 않으면
열리다 멈춘 창문처럼
고정되고 말 틀을 갖게 되는 거라고
밤비는 다독이듯이 차근차근 내려요

감정을 부수는 것은
밤 빗소리만 한 게 없다고
어둠 근처를 맴돌다가
말끔하게 마모된 화법으로
유리 창문에 맺혀요

어긋난 박자를 맞추려고
밤새 내리는 거예요
밤은 멀리 가겠지만
빗소리는 남아서 주르륵 거리며
구겨진 곳을 반듯하게 펴고 있어요

비 때문에

비를 맞으면서도 해 맑게 핀
산나리꽃이나
데이지 꽃을 보면
비로 인해 마음이 울적해지는 것은
아닌 거 같아
빗방울 같은 눈물 뚝뚝 떨구면서도
활짝 웃는 걸 보면

괜한 심술로
내 형편을 비 때문이라고 뒤집어씌웠나
비는 아무 이유 없이 적시며
다만, 흘러갈 뿐인데도

비 때문이라는 말은 하지 않기로 했다

소중한 것일수록
오래 기다려야 하는 것도 있으니
비로 인해서
그 길이 어긋났다고 말하지 않기로 했다

행복해지기 위해

빛바랜 마른 잎과 눈을 마주치지 마라
가끔 나뭇가지에 앉아
속절없이 중얼대는 새들과
마음을 나누지 마라

언덕 위 녹다 만 눈과 마음 스치지 마라
날 선 말 한마디처럼 차가워
오래 가슴 시리니

버려진 길냥이 집의
벽면에 시들어 늘어진 들국화와 무심해져라
다정한 것도 때로는 가슴 아픈 일

목련 봉오리가
겨울을 지내는 이야기로
꽃이 되고 향기가 되는 일로도
부족한 겨울이다

연등

초파일을 앞두고
가로수에 붉게 걸린 연등이
금낭화처럼 피어
마음 편히 지내라는
자비로운 부처님의 마음 같다
소원 한 가지씩 말하라는 듯이
다 들어 주겠다는 듯
마음 담아 보라는데

어쩌다 마음 퀭해지는 날
발그레한 웃음 한 모금 주는 것
끝없이 이어져 있을 것만 같은
연등 끝에는 무엇이 기다리고 있을까
바람이 흔들어 대고
새들이 파고들며 노래하는 것을 보니
바람 하나씩은
연등에 달아두는 중인가 보다

돌탑에 관하여

산길에 뒹굴던 돌덩이였지
어느 발에 구르고 치이며
이끼에 붙들려 푸르게 멍들고
비바람에 부서져 삭아진 옆구리로
시린 줄도 모르게 살았을 테지만
뜻 없이 맴돌다 가는 건 덧없는 생이라고
돌들의 가슴을 맞대 쌓아 놓고는
따뜻한 생을 입힌 거다
희망을 얹어 놓은 거다
따뜻한 정을 나누며
서로 기대라는 듯이
뭉컹한 삶이 되라고 당부했던 거다
버려진 듯이 살지 말라는
흔들리지 말라는
염원하던 마음도 쌓였더라
어느 손을 꼭 잡았는지
서로를 영 놓지 않더라

대나무 잔

부안 내소사에서 샀다는
대나무 잔 한 개
대숲에 이는 바람 소리를
닮은 것 같기도 하고
댓잎 부스럭거리는 몸짓을 닮은 듯도 하다
불경 한 줄은 달달 외고도 남았을
투명하고 정갈한 모습으로 담아 놓은 듯
어떤 시간에 부딪혀도
더 이상 흔들리지 않겠다던
대쪽 같은 세월 접어 두고
마지막은
좋은 말은 담을 줄 알고
나눌 줄 아는 마음
배우라는 것 같아 마음 기울이니
대나무 흔적은 간 곳 없고
쓸쓸함만 가득하네
텅 비었어도
찰랑거리는 그리움만 넘쳐나네

변명

풀포기같이
들쑥날쑥 맺힌 마음이라도
의미 없이 자랐던 것은 아니니
아무렇게나 놓인 듯
담장에 걸쳐진 길냥이 집
빈집이라서 덧없다고 해도
매화나무 한 그루 지켜주고 있으니
우연히는 아니었나

서로 곁이 되었다는 까닭

떠나고 싶지 않은 빌미 같은
마땅한 이유를 들여놓기 위한
턱없이 모자란 변명인데도
해마다 매화나무는 꽃을 피우고
길냥이는 아침부터 나를 기다리고 있다
서로 건너가는 마음을
사랑이 아니었다고 누가 말해 줄 수 있을까
대체

장미꽃 그림

인사동 길목을 거닐며 받은
장미꽃 그림 한 점
이슬비 속을 함께 건네
꽃송이 붉은 것을 보니
당신 마음도 붉어졌겠다
손 끝으로 피운
장미 대여섯 송이
마흔 무렵 울타리를 감싸던
덩굴장미처럼 붉어
한 사람 곁에 서 있게 한다
잠에서 덜 깨인 듯한
허름한 인사동 골목길에 걸어두면
오월 한나절이 편히 쉬다 가겠다
손만 대면 찌를 듯한
장미 가시 몇 개도
꽃처럼 붉어
어느 걸음인들 잡지 못할까

꽃이란다

고난을 뚫고 피었어도
웃고 있어서 꽃이란다
필 때는 지는 것도 알고 있어서 꽃이란다
마지막까지 향기를 잃지 않아서 꽃이란다
누구에게나 반갑게 맞아주니 꽃이란다
어떻게 살아왔는지
돌아보게 할 줄 알아서 꽃이란다
어디에나 필 수 있어서
아무렇게나 피어도 예뻐서 꽃이란다
시린 벌판에 홀로 있어도 외로운 줄 모르고
매서운 바람에도 굽히지 않아서 꽃이란다
서로 마주 보며 웃을 수 있어서 꽃이란다
아낌없이 주어서 꽃이란다

궁평항에서

우리는 영원하지 않겠지만
바다는 영원하겠지요
갈매기도 영원하지는 않겠지만
일몰은 영원하겠지요

파도처럼 왔다 가는 길
널브러진 그물 더미 같은 미련은
쌓아 놓지 않기로 해요

모래사장처럼 발자국은 지울지언정
추억은 지우지 않았으면 해요
다만, 기억하기로 해요
영원할 궁평항처럼

못 박는 소리

한밤중에 못 박는 소리가 들린다
숲의 고요를 파묻던
천둥 치는 밤 번개 소리같이 요란스럽다
먼저 마음에 구멍이 날 것 같다
이 밤에 못을 박겠다고
웬 난리인가 싶다가도
휑해진 자리 생겼는지
억지 부릴 일이 있던 건지
내가 더 부아가 치민다
이 시간만이 소리를 지를 수 있는
유일한 출구냐고
나보다 더 억울하냐고
어둠을 뚫고 나갈 만큼
절박한 심정이냐고
듣기 싫은 말 한마디 못해서 아프다
못도 박을 수 없이
두들겨 맞는 못은 오죽할까만
나도 아프다
어둠만이 소리를 꾸역꾸역 삼키고 있다

#셋

개미취 한 송이

검은등뻐꾸기 운다

아카시아꽃이 하얗게 지니
검은등뻐꾸기가 운다
검은등뻐꾸기 울음을
같이 듣던 사람아!
네가 없는 것을 아는지
더 서럽게 운다
산딸기 익어가는 소리로 운다
울음을 빼고 나면
가진 게 아무것도 없다는 듯 서럽게 운다

사랑을 고백하는 건가 싶다가도
볼멘소리로 운다
무작정 따라갔던
인생의 외딴섬에 갇혀 버린 청춘을
돌이킬 수 없다고 운다

울음에 속지 말아야지 하다가도
마음이 간다
눈물마저 마른 인생을

검은등뻐꾸기에 비할까
저 홀로 실컷 넋두리하다 말겠지
봄밤이라서 다행이다

냉이꽃

뒤뜰 장독대에
냉이꽃이 하얗게 피었다
병든 노모가 돌보지 않은 사이
집 떠난 딸이
다녀가지 않은 사이
저 홀로 피었다

발자국 소리조차 들리지 않는
적막함을 잊으려고
서둘러 피었는지
떠나갈 채비를 다 했다는 듯이
하얀 꽃송이
바람 되어 날아갈 듯
조마조마하다

어둠 가득한
텅 빈 방 안에서는
봄이 온 것도 모르는 채
구석에 웅크리고 누운 노모가
냉이꽃이 되어 간다

산새에게

한 송이 목련 꽃을 기다려
저만치서 홀로 노래하는 산새야

부드러운 봄바람이 불고
냇물 소리 정답게 들리면
목련 꽃이 활짝 필 테니
꽃이 필 수 없는 곳으로 날아
그의 꽃봉오리가 되어주렴

파란 싹이 나기를 기다려
숲에서 노래하는 산새야
아기 눈망울 같은
새싹이 곧 나올 테니

새싹을 틔울 수 없어 어두운
그의 그늘을 지울 노래를 대신 불러주렴

바래봉 철쭉

몇 발짝만 올라가면
철쭉이 만발하게 피어
숨 막히게 붉은 물결로 출렁거린다는데
그 몇 뼘을 넘지 못하고
빗길에 미끄러져 발목에 금이 갔다
산비탈 길도 무사히 지났건만
빗길도 잘 견뎌냈건만
바래봉은 오를 수 없는
수십 킬로의 먼 길이 되고 말았네
100년마다 핀다는 행운목보다
더 보기 어려운 꽃이 되고 말았다
부축을 받으며 내려가는 길
굽이진 길 끝은 보이지 않고
어쭙잖게 뒹구는 자갈에 걸리는 걸음이 서럽다
발목은 더 퉁퉁 부어오르고
마음은 이미 바래봉 철쭉을 지나갔다
미련을 두고 가는 길
그렇다고 해도 이 모습으로는 아니다
바래봉 철쭉은
아픈 모습을 보여주고 싶지 않은 사람 같으니

냇가에 서서

왜가리 한 마리
살랑살랑 물길을 걷는다
연초록 버드나무 한 그루 동행한다

물 길을 모르는
봄 마중은
마른 잎 들추고 길을 나섰나
그만 아는 세상이 고요하다

물길에는 봄이 둥실 떠올라
반짝이는 물빛 사이
두툼한 돌멩이나
묵은 수초에는
그 만의 길이 생겨난다

봄빛 스민 곡선을 따라가면
흘러간 것은
제자리로 돌아와 물결이 된다
봄은 이런 거다
허락할 수밖에 없는
이 무리 때문에 산다

버들잎처럼

봄빛 하나 물고 와서는
새파란 여름같이 살랑거리더니
봄비에 잎이 진다
봄이던 것을 떨구고 나면
몇 잎으로 버텨야 할 가을일까
가을 숲을 걸어갈 잎 몇 개
그리움이 될 잎 몇 개 놔두고
네 가슴 같은 저편으로
한번 들어가 보고 싶었나 보다
파랗게 저물어도
미련은 없는가 보다
마음으로 가는 길은
아무리 빨라도 늦은 것을
버들잎도 알고 있나 보다

나팔꽃 줄기

한때 화려한 보랏빛으로
해 맑은 웃음소리 들려주더니
초록색 철망을 위로 삼던 과거를
남겨 놓았다

과거의 흔적을 잊지 않기 위해
습관처럼 찾아오는 동통을 앓고 있나
햇살 한 모금 정도밖에 안 되는
진실이었다고 해도
놓을 수 없는 미련이 추위에 흔들린다

지금 초라하다고 해서
전부 초라했던 것만은 아니라는 듯이
삭은 줄기 한 오라기
나팔꽃을 기억하라는 듯이
겨울 길목을 지키고 있다

가을이다

들판의 곡식
누렇게 익어 고개를 숙이니
더는 영글지 않아도 되는 가을이다

들국화 향기 만발하니
갈대꽃도 하얗게 낭창거리니
할 일이 없을 것 같은 가을이다

나뭇잎도
붉어지기 위해 설레게 살아왔으니
떨어지기 위해 물들었으니
내려놓는 것도 아는 가을이다

텅 비어야
가득 찬 것 같아서 가을이다

손대지 마라
우리 사이에는 비울 게 하나도 없다
그래서 가을이다

가을 담쟁이

벽돌담이며
회색 건물 벽면이며
나무의 기둥 끌어안고
오르는 담쟁이를 보니
바닥은 싫은가 보다

제 몸 같은 푸른 잎 입혀놓고는
제 것인 양 감싸 안고는
푸르게 찰랑거리더니
내려오는 길은 아예 잃었나 보다

먼 꼭대기에서 멈춘
붉은 흔적
생의 마침표처럼 찬란한 걸 보니
꼭대기에서 내려오기는
죽기보다 싫은가 보다

목련을 생각하면

여기 목련 꽃은
다음부터는 볼 수가 없겠네
솜털로 감싸 쥔 작은 목련 봉오리가
허공을 흔드는 모습도
향기롭게 나풀거리는 모습도

구석진 모퉁이를
환하게 밝혀 놓고는
보아줄 이 없다고
서둘러 시드는 일은 없겠지

내가 여기 없다는 말에
하얀 목련이 서럽게 피어
훌쩍이다가
일찍 기우는 건 아닐지 몰라

그렇지는 않겠지
추운 날에도
눈 하나 꿈쩍하지 않고

흔들리지 않았으니
혹시나
내 안부를 묻는
그런 일은 더더욱 없겠지

능소화

어디서 무엇을 하느라
이제야 나타난 거냐고 묻길래
당신을 기다리는 중이었다고
능소화처럼 대답했지

사철나무 옆에서
이제 막 옮겨져
꽃은 피우지 못할 줄 알았는데
기둥을 움켜쥐고
다시는 떠나지 않겠다는 듯이
주홍빛 꽃을 피우니

지나온 슬픔은
다 씻어 주겠다고
가슴의 멍은 다 지워주겠노라고
이슬방울 같은 목소리로
이름을 불러 주는 사람아!

낯선 길모퉁이

가로등 불처럼 켜져 있으니
홀로 서 있어도
이제는 하나도 두렵지 않다

범부채 꽃을 보며

뜨거운 햇살 아래
바위를 움켜쥔 듯이
주홍빛 점박이 무늬 꽃 피었다
돌덩이 몇 개
꽃대를 받쳐주니
목마를 수 있겠구나!
뙤약볕에도 활짝 핀 것을 보면
뜨거운 목마름이 살게 하는 힘일 수 있겠구나!
가파른 돌 틈을 파고들어
뿌리를 묻고 꽃 피우는 일
꽃도 할 수 있구나!
돌 틈도 길이었다는 것을
돌 틈도 물이 되고
양분이 되기도 한다는 것을
돌틈에서도 꽃피우는 일
범부채 꽃만 가능한 일은 아니겠구나!

호수의 접시꽃

갈치 호숫가 우뚝 선 접시꽃
물에 비친 제 모습을 비춰 보는지
요리조리 흔들어 댄다
호수 물빛을 닮아
맑고 눈부신 웃음 같기도 하고
어디론가
흘러가려는 중인가 하고 보면
잔 물결로 흔들리다
되돌아온다

후미진 곳에 피었다고 해서
의미 없이 핀 것은 아닐 테니
호수에 뛰어들 듯이
위태롭다가도
아무 곳에도 가지 않을 거라는
다짐처럼 붉다
붉었으니 되었다

개미취 한 송이

비 그친 저녁 무렵
가을비가 지나던 산길에
놓고 갔는지
개미취 꽃 한 송이 피어있다

홀연히 던져진 쓸쓸한 둘레에
온통 푸른빛으로 가득한
그 한가운데 우뚝 서서
적막을 지우는 보랏빛깔

따라붙는 미사여구 다 버리고
당당히 보랏빛으로
산길을 활짝 열어 놓고
길을 밝혀주고 있으니

아무도 봐주지 않으면 또 어떤가
한 송이지만
저 속은 이미 여러 송이로 가득 찼을 테니

감나무 아래에서

여기가 종점이라면
더는 갈 수 없는 길 끝이라면
내려오는 길만 남았다는 거겠지
내려올 순간이 되어서야 붉어지는 건
망설였다는 것
막다른 골목에서야
당신이 눈에 들어왔지만
붉은 마음은 터트리지 않으려고 했다
감처럼 물컹해져서야
길을 찾는 중이라니

새 한 마리 날아와 기웃거린다
바람이 흔들어 본다
누가 먼저 놓을지 모를
위태로운 여백에는 노을만 남아
오래 있어 주기를 바랐다
휑해지는 나무만 두고
차마 떨구지 못하는 눈물방울 같은
붉은 감처럼
떠나지 못하는 곳이 있다
그 감나무 아래 멈춰선 감이 되기도 한다

계곡물 소리

부서지고 깨져도
거침없이 우렁찬 소리
누구나 다 들을 수 있도록
지나간다는 인사를 남기네
가득 채웠어도
텅 빈 듯이 맑은
소리를 먹고
나무가 자란다
풀이 자란다
바위에 스쳐 간 물빛을
돌멩이가 품어 놓고
모래알이 헤아려주네
햇살에 닿으면
햇살 부스러기 되고
풀잎에 닿으면
푸른 물결이 되니
아래로 흘러가는 건
다 비웠다는 것
그래선지

계곡물에서는 노을빛이 난다
노을이 머물다 간 것처럼
홀가분하게 익은 소리가 난다

민들레 꽃

민들레 꽃처럼
쌉싸름한 향기의 꽃을 피울 자신은 없어도
몸을 낮추고 엎드려 피는
작다랗고 왜소한 꽃은 될 수 있다고 생각했다

해바라기 같다고 생각한 적이 있었지만
늘 웃고 살지는 못해도
가뭇한 씨앗 하나 정도는 익힐 줄 알겠거니
코스모스는 어떨까 했지만
가련하고 청순해서
한없이 휘어지는 슬픔을 받칠 힘이 없으므로
홀연히 멀어지는 일은 더욱 싫었으므로

홀씨로 훨훨 날아
어디서든 마음 묻을 줄 알고
꽃을 피우고 또 피울 줄 아는
왠지 마음이 가는 게
아픔을 겪고 나면 쌉싸름해지는 것이
노란 민들레꽃 같다고 했다.

금계국

엉겁결에 만나지는 얼굴의
흔한 웃음을 보는 것 같아도
힘겹게 일어선 자국이 있더라고

풀처럼 자랐어도
억척스럽게 꽃을 피우고는
웅성거리는 것이
누군가를 기다리는 것도 같더라고

휘어지고 넘어지면서도
무던하게 꽃피우는 것을 보면
후미진 냇가 물소리를 닮은 것 같고
다정하게 손잡아 이끄는 것이
빈 곳을 채워주는
익숙한 사람 같더라고

반월호수

이른 새벽어둠을 뚫고
반월호수로 가는 버스는
이미 사람들로 가득 찼다
새해 첫날부터 낯선 사람들과
새해 일출의 동행이 되어
호수에 도착하니
호수는 입을 꾹 다문 채 말이 없다
반들거리는 얼음 위로
해의 붉은 여운이 서서히 스며든다
태양이 온전히 떠오를 때까지는
새해가 밝은 것이 아니니
마지막 남은 한 뼘의 그림자라도
다 지워야 새해다
지금 오지 않는 것이 있다면
아직 비우지 못한 어둠이
가리고 있는 것인지 모르니
비워야 보일 것 같다
비우지 않고는 볼 수 없는 일
반월호수는 어떤 건지 알고 있는 것 같다

군포시 철쭉 축제

철쭉을 보러 가도 괜찮냐고
허락은 받은 건지
아무것도 모르고
피었다가
낯선 얼굴들이 몰려들면
놀라서 도로 눈을 감겠네

철쭉을 보러 갈 거라는 말을
전하기는 했을까
반갑지 않은 얼굴들이
가까이 다가오면
수줍음 많은 철쭉은 부끄러워
고개를 숙이겠지

그래도 행복하기는 하겠다
바쁜 봄날에
보고 싶어서 온다는데
오지 말라는 말은
누구라도 못하겠다
저렇듯 붉게 피어 기다리는 것을

풀 향기

잘린 풀더미에서
싱그러운 내음
푸르게 흩어진다
땅의 살을 파먹고
새들의 오줌똥을 받아먹으며
억척스럽게 살아온 생애를
푸르게 쏟아내고 있다
엎어졌다 일어서기를 반복하며
푸른 향기 채우는 일 배웠나 보다
향기가 아니었으면
죽어라 일으킬 삶도 아니었을 것
마지막에도 한마디는 할 수 있다는 게
누구나 알도록 향기롭게 말한다는 게
아무나 할 수 있는 건 아니더라
풀의 마지막 노래를 듣는다
꽃도 아니면서
누가 이렇듯 이별을 향기롭게 말할 수 있을까

겨울나무

빈 몸으로 서 있는 것 같아도
나무가 지고 온 세월을 안고 있다
나무의 자맥질에 자란 세월은
뿌리가 되어
시린 땅속을 걷고 있다

길을 멈춘 것 같아도
쓸쓸한 순간이 노을이 되기 위해
얼마큼 오래 견뎌야 하는지
알고 있다는 듯이
묵묵히 써 놓은
눈발의 글씨를 읽으며
부단히 걸어가는 중인 거다

행여, 몇 밤 자고 났더니
나무처럼 자라 있더라는 말은 하지 마라
겨울나무처럼만 살아내도
뿌리 깊게 묻히기만 해도
웬만한 세상 풍파에는 흔들리지 않겠더라

#넷

그러니까 과꽃

개망초 꽃 1

잘린 풀 더미 너머로
용케도 살아남은 개망초꽃 피었다
향기는 없어도 좋으니
추억처럼 웃어 달라고
적막감은 잊으라고
너는 거기 남겨 두었나

언제가 될지 모를
가파른 운명도
마지막은 찬란히 피워놓으라고
너는 거기 남겨 놓았나

뒷동산에 올라
시름에 잠긴 아버지를 위로 해 주던
개망초꽃처럼
아버지를 기억하라고
너는 거기 남겨 놓았나

개망초 꽃 2

쇠별꽃이 피었다고
잊었다고 하지 마라
풀 같아도 오솔길 하얗게 비추던
추억 같은 꽃이더라

정이 하얗게 부풀어
꽃인 것을 몰랐을 뿐이더라
사랑은 더더욱 말할 줄 모르는
당신 같은 꽃이더라

쇠별꽃이 피었다고
개망초꽃은 모른다고 하지 마라
아무 곳에서 나 피고 진다고
덧없는 꽃이라고 하지 마라
개망초꽃도 그대 가슴인 적은 있었을 테니
질 때는 가슴 아린 적도 있었을 테니

오동나무 꽃

산자락에 뭉실 거리는 나뭇잎 사이
누가 숲속에 밀어 넣었나
보랏빛 꽃 뭉치 술렁거린다

꽃 뭉치 받치고 선 나무야
잎새 몇 개 돋아
들킨 마음같이 설레니
숲은 온통 푸른 맥박 소리 들린다

담장 너머 잎새 지는 소리에
우물가 적막을 깨우던
그해 가을처럼
커다란 잎새만 키웠나 했더니
헛꿈만 부풀렸나 했더니

온 산을 수놓는
비단 자락처럼 부드럽기도 하여라
고향집을 지켜주던 단단한 기둥처럼

그립기도 하여라
외면하지 못하도록 피었구나
잊지 말라는 듯 마음 끌어당기네

그러니까 과꽃

햇살 흐려지는 산길을 걸어
마을 어귀를 지날 무렵이다
흙먼지를 뽀얗게 쓰고
찢어진 비닐하우스 옆에서
헤벌쭉 맞아주는

꽃 이름이 무엇이더라

휘어질 듯 부푼
호탕스러운 웃음기가
어릴 적 친구의 얼굴 같기도 하고
내 손을 덥석 잡아주며
등을 토닥여 주던
동네 어르신을 닮은 것 같기도 하다

잊지 않고 기다리는
고향을 닮은 꽃이었더라
모두 떠난 자리

홀로 남아 지키고 있는
붉은 기다림을 닮은 꽃이었더라
붉고 선한 빛깔이 그 눈매를 닮았더라

해바라기

무엇을 해 줄까 하면
괜찮다고 활짝 웃길래
다 괜찮은 줄 알았다

씨앗이 영글 듯 방글거리길래
웃는 것인가 했더니
눈물이 보이지 않게
먼 하늘을 바라보던 것인데

텅 빈 속으로도
배고픔에도
단단한 듯이 올곧게 서 있길래

까맣게 영근 것이
씨앗인 줄로만 알았지
다 타버린 가슴인 줄은 몰랐다

나는 해바라기 아래
눈물조차 보일 수 없는
아주 작은 사람이 되고 말았네

풀벌레 울음

떠날 것을 준비하는지
멀어지는 것을 슬퍼하는지
미련 짙은 저 울음은
별빛 찬란한 밤에
뜨락에서 들려오던 울음소리 같다

대문 밖에 쪼그려 앉은
들국화 사이에서
향기 몇 모금 흘려 내는
향기로운 울음 같기도 하다

풀벌레도 정이 그리워
애타게 우는 건지
울음 같은 울음이
간혹 풀숲에 앉아 있기도 하더라

풀빛 사이 울음도 빛바래
아득히 먼 허공을 넘는지
고향 집 뜨락을 다 데려다 놓더라

가을을 보낼 때처럼

가장 아름다운 날만 기억하면서
가장 좋은 기억만 남기면서
너를 보내기로 했다

이미 물든 마음이야 씻어지겠지
미련 없이 보내겠노라고 말하면
가는 뒷모습도 후련하겠지

낙엽 하나 지는 것도
다 내려놓는 것처럼
나무는 쓸쓸해 보이는데
너를 생각할 때면
철문이 닫히듯
철커덕 소리가 난다

매미울음

비가 그치기를
기다렸다는 듯이
빗방울 같은 울음이 터져 나왔다
설익은 나뭇잎을 떨구던 게
그 울음이었을까
배롱나무꽃을 피우던 게
그 울음이었을까

허물처럼 벗어 놓은 울음이
아버지의 삭은 셔츠에서 나던
땀 냄새 같았다

매미 울음에는 고약하게도
고향 내음이 묻어있어
밤나무 사이로
퍼렇던 그 여름이
매미 울음처럼 다녀가곤 하였다

새소리

저 맑은 소리 중 하나는
네가 부르던 노래였을 것도 같아
이슬처럼 맑고 동그란 것이

소리의 빛깔 중 하나는
너였을 것도 같아
파릇한 빛깔로
다정하게 들리는 것이

저 소리 중 하나는
어머니가 들려주던 자장가도 같아
마음이 편안해지니

자꾸 마음이 가는 게
언젠가 우리가 부르던 노래를
새들이 따라 부르는 것 같아
새처럼 노래 부르던 날
우리에게도 있었던 것처럼

소중한 것

기울어진 밤나무를 받쳐 든
철기둥이 냇가에 서서 버티고 있다
밤나무는 가지를 늘여 놓고
더는 기울지 않아도 되는
편안한 봄날을 맞이하고 있다

밤나무가 품고 있을
밤꽃을 생각했을 거다
굵직한 알밤을 생각했을 거다

남의 생을 받쳐준다는 게
자신의 생을 지키는 것보다
더 소중하다고
제 몸이 삭아지면서도
견디고 있는 철 기둥을 보고 있으니
오로지 자식만 생각했을
어떤 철기둥이 가슴 사무치게 그리워진다

아욱국 먹는 저녁

가을 아욱국은
너무 맛있어서 문을 닫고 먹는다던
어머니 말씀에
당치도 않은 말이라고 어깃장을 놓았지
아욱국은 문 닫고
먹을 만큼 맛있다는 말
말의 맛을 이제 알아버렸네
불긋 거리는 마른 새우 몇 개
짓 물러진 아욱 잎 한 숟가락에
어머니 마음이 생각나

가을 아욱국 물리도록 드시고도
맛있다는 말

어머니 생각에 마음 찔끔거리며
아욱국 먹는 저녁
어제 시작된 장마가 비를 또 쏟을 생각인지
어둑하네
아욱국처럼 어둑해서
어머니 마음마저 보이지 않네

멸치

시내버스 정류장 뒤편에서
김이 모락모락 오르며 멸치 냄새가 난다
서서히 침샘을 자극하고
목젖을 꿀꺽이게 하더니
발걸음을 돌리게 한다
그런 발걸음이 수두룩한지
줄을 서서 기다린다
국수보다도 멸치가 쏟아내는 진실을 마주하면
벗어 날 수 없는 올가미가 되는지

미끄러질 듯한 국수 한 그릇 푸짐하게 받고
멸치 냄새 몫으로 몇 천 원을 지불했다
멸치가 사람을 불러오는 몫이다
멸치처럼 살았어도 남는 게 없었다
내 주머니를 채운 적이 없다
멸치처럼 다 쏟아내고도
희멀건 하게 남의 배부름이 된 날이 허다했나
그나마도
멸치처럼 살수 있어서 다행이다

사진 한 장

배꽃이 하얗게 핀 나무 아래
어머니를 세워 놓고는
웃으라고 웃어 보라고 했더니
어머니 대신
배꽃이 활짝 웃는 사진 한 장 건졌다

배꽃 사잇길을 걸어
돼지갈빗집에 앉아
고기를 잘게 잘라 어머니 숟가락에 놓으니
삼키기 어려운지 어머니는
나만 바라보신다

나는 양 볼이 미어지도록
눈물을 찔끔거리면서
고기 쌈을 욱여넣었다

나만 활짝 웃고 있는
철없는 사진 한 장만 남았다

한 사람

물안개 오르는 골짜기 어디쯤
단풍나무 아래 그늘에 앉아
상념을 삭여 줄 막걸리 한 모금이면
세상 사는 맛이 좋겠다고
굵어진 빗방울 소리로 말하는 사람아!

지금까지 살아온 날은
하느님의 선물 같았으니
선물처럼 살고 싶다고
빗물에 씻긴 여백 하나만 들고
어디로든 흘러가도 좋다는 사람아!

가을 능선을 함께 넘어도 좋겠다
넘다가 부딪히는 시린 빛깔 정도는
대수로운 일도 아니겠다
그만한 일이라고 다 넘기고야 말겠네

자화상

어머니를 닮은 여자가
내가 가장 싫어하는 표정으로
엘리베이터 거울 앞에 서 있다

얼굴에 미소가 있었으면 했는데
주름은 희미했으면 했는데
아픈 표정은 짓지 말았으면 했는데

지나 보면 다 안다는 말이
그 나이쯤 되면 안다는
어머니 말씀처럼
내가 되어 버렸네

어쩔 수 없이 닮아가도
이런 모습은 아닌 것 같아
너무 빨리 어머니 모습이 된 것 같다
가장 고운 모습만
정겨운 모습만 닮았으면 했는데
어머니는
유산처럼 나를 놓고 훌쩍 가셨네

사춘기

다행히 울음이 모두 다 슬픈 것만은 아니라서
지나는 발자국 소리에는 울음을 뚝 그치기도 했다
고요를 흔드는 부레의 고독을
아픔이라고는 단정 짓지 못하게

그런 날에
들판에서 흘러오는 괜한 울음이
문득 돌아갈 길 하나 끊어진 것처럼 아득했지
잘 굴러가는 자전거 바큇살에 끼인 돌조각처럼
돌조각에 잡힌 바퀴처럼
서로를 잡아 놓은 덧없는 객기처럼

개구리 울음소리 따라 걷던
신작로의 능수버들과
벼 이삭이 쑥쑥 커가는 무렵처럼
대문 앞 감나무가 별들과 나란했던 밤
그 밤같이 푸르게 자라고 싶어
개구리처럼 큰 소리를 내지르고 싶은 저녁이 있었다

징검다리

당신에게 가는 길은
영, 없을 것 같았는데
어쩌다 징검다리 놓여 있어
한 개 두 개 건너다보니
당신 앞이네

무심코 건너느라
놓친 게 있던 걸까
급하게 가느라
못 본 게 있던 걸까

어쩌다 한번은
생각해 달라는 것처럼
마음 두들겨 보라는 것처럼
드문 거리는 발자국 같은
징검다리 건넜어도
그대 마음은 보지 못했네
다 알기도 전에 다 건넜나
그래도
당신의 마음 한번은 밟고 건넌 것 같다
아파도 아프다고 말하지 못하게

구두수선

구두 수선집 사장님은
구두 수선 하나로
자식들 뒷바라지하고
평생을 먹고 살았다고 했다
구두 수선 하나로
꽃 세 송이 키웠다고 하더라
구두 굽을 오려
접착제를 발라 놓는데
낡은 구두 바닥이
내 삶을 뒷바라지 한 듯이 측은하다
평생을 한길로만 살아온 듯이
찢어지지 않으면
구멍 나지만 않으면
어디고 걸어야 했던 구두다
닳고 닳은 인생도
수선이 된다면
무엇을 뜯어내야 할지
구두만 다 닳게 하고선
정작 도착한 곳은 아직 없다
아직도 갈 길이 먼 저녁이다

눈과 나

눈 내리는 날
넓은 유리창 앞에서 당신과 마주 앉아
꼬치 어묵 한 개에 소주 한 모금 마시면
얼큰한 빛깔로
나도 모르게 사랑한다는 말을 할 수 있을 것 같다
눈밖에 없는 세상에
의지할 것도 눈뿐이지만
당신의 지긋한 눈빛이 있으면 좋겠고
따뜻한 미소가 있으면 좋겠다

눈처럼 사브작 거리며
녹아 날 듯한 말투에
세상 다 가진 듯이
부러움이 없다고 속삭일 것도 같다

눈 밖으로 나가는 길은 하나뿐이고
창밖은 온통 새하얗다
이런 날을 상상해 보았는지
당신이 행복하다면 다 괜찮을 것만 같은 날

눈길을 걸을 때

새하얀 소리 들린다
마음 맞잡은 말 같은
눈의 심장 소리 같기도 하고
내 두근거림 같기도 하다

먼지 묻은 마음을
닦아주는 소리같이
시린 마음 만져주는 따뜻한 손같이
당신과 나 사이 쌓인
상처되는 말 지우라는
홀로 끄적임 같은 말

맑고 새하얗기도 해라
저 눈길에
더 이상 얼룩은 묻히지 마라
하얘진 마음에 더 이상
상처되는 마음은 섞어 놓지 마라

겨울밤의 향수

겨울밤에는 잠도 오지 않는지
창밖의 가로수 몇 그루 눈만 껌벅인다

어디선가 큰 개 짖는 소리
산 부엉이 울음 들려올 것만 같다
마당 구석에는 눈더미가 쌓이고
우물가에는 흐르다 멎은
얼음이 두꺼워지느라
쩍쩍 소리를 내니
놀란 닭들은 아우성쳐 낮 같은 불을 켠다
담장에 불두화나무는
찬바람에 진저리를 치듯
거세게 흔들리고
그런 밤이 가고 나면
아침 햇살 한 무리 마당에 모여
지난밤은 다 잊었다는 듯
깨금박질을 하며
한참 놀다 간 것 같은 집이

나무 아래 쉬고 있다
그런 고향이
눈 내린 겨울밤에 찾아오곤 한다

말티재 고개

고갯마루 올라서서
걸어온 길 내려다보니
구불거리는 길가에 단풍 꽃 피었다
미끄러져 가는 물길도 곱다

오르느라 미처 보지 못한
굽이굽이 저 길은
누가 걸어간 흔적인가 했더니
단풍이 붉어지느라
걸어간 길이었네

오르느라 보지 못한 길
저렇듯 굽이진 길이었다니
굴곡 심한 인생길도
돌아보면 꽃길 같은 길
비로소 잘 보이는 꽃길이 되네

조치원역에서

그리운 사람은 보이지 않고
팬지꽃 무리 붉게 피어
한들거린다

부모님 살아계실 때는
보이지 않던 꽃
색색으로 곱게 피어
마음을 밝혀주네

보고 싶은 사람도
없는 지금은
꽃들이 대신 다가와
쓸쓸함을 위로해 주니

돌아갈 때도
빈 마음으로 가는 걸음
위로할 텐가
팬지꽃 풍경만 두고
습관처럼 흘러가는 강물이 되네